U0803995

绿电与冬奥

—— 智慧用电 ——

中国电机工程学会　国家电网有限公司　组编

中国电力出版社
CHINA ELECTRIC POWER PRESS

图书在版编目（CIP）数据

绿电与冬奥．智慧用电 / 中国电机工程学会，国家电网有限公司组编．—北京：中国电力出版社，2022.1

ISBN 978-7-5198-6323-4

Ⅰ．①绿… Ⅱ．①中… ②国… Ⅲ．①冬季奥运会－用电管理－北京－ 2022 Ⅳ．① G811.212 ② TM92

中国版本图书馆 CIP 数据核字 (2021) 第 267530 号

出版发行：中国电力出版社
地　　址：北京市东城区北京站西街 19 号（邮政编码 100005）
网　　址：http://www.cepp.sgcc.com.cn
责任编辑：曹　荣　（010-63412560）
责任校对：黄　蓓　朱丽芳
装帧设计：北京大良造品牌顾问有限责任公司
责任印制：钱兴根

印　　刷：北京博海升彩色印刷有限公司
版　　次：2022 年 1 月第一版
印　　次：2022 年 1 月第一次印刷
开　　本：787 毫米 ×1092 毫米　16 开本
印　　张：4.25
字　　数：65 千字
定　　价：30.00 元

版权专有　侵权必究

本书如有印装质量问题，我社营销中心负责退换

《绿电与冬奥》丛书编委会

主　　编　舒印彪

科普顾问　黄其励

主　　任　李同智　林铭山

编委会成员（按姓氏笔画排序）

丁　莉　于德明　马家斌　王西胜　王　刚　王伟胜　王继业

石庆周　刘明志　刘前卫　刘继东　汤　涌　李　政　肖立业

张丽英　陈　梅　单葆国　高昆仑　常　青　路书军

科普策划　肖　兰　周　缨　曹　荣　伍晶晶

《智慧用电》编写组

主　　编　刘继东　刘明志

副 主 编　张　丽　韦凌霄

编写人员　田　蕊　潘鸣宇　孙　舟　曾　爽　徐绍军　帅　萌　扈　晨

钱梓锋　丁建武　陈　晶　李香龙　丁屹峰

审　　稿　何　胜　武　斌　杨　恒　王　鑫　姚　阳　孔庆儒

前言

2020 年 9 月 22 日，习近平主席在联合国大会发言中提出“中国将提高国家自主贡献力度，采取更加有力的政策和措施，二氧化碳排放力争于 2030 年前达到峰值，努力争取 2060 年前实现碳中和”，彰显了中国积极应对气候变化、走绿色低碳发展道路、推动全人类共同发展的坚定决心。2022 年 2 月 4 日，第 24 届北京冬奥会、冬残奥会将拉开大幕，奋进的中国与奥林匹克再度牵手，北京将成为世界上首座“双奥之城”。北京 2022 年冬奥会秉持绿色、共享、开放、廉洁的办奥理念，从能源、建筑、交通、碳汇等方面，通过前沿技术应用，推进碳减排措施，开展完整的碳中和实践，让绿色办奥成为北京冬奥会最亮底色，为实现碳达峰碳中和目标创造新典范。

习近平总书记强调，我们将竭诚为世界奉献一届奥运盛会。办好北京冬奥会、冬残奥会是党和国家的一件大事，是对国际社会的庄严承诺。能源电力行业完整准确全面贯彻新发展理念，强化绿色低碳技术攻关和示范应用。国家电网有限公司以科技创新服务绿色冬奥，建设张北柔性直流电网示范工程，建立跨区域绿电交易机制，推进能源清洁高效利用，为重大赛事场馆实现绿电安全可靠供应提供可推广的中国智慧、国网方案。

中国电机工程学会和国家电网有限公司组织策划了《绿电与冬奥》科普丛书，将电力科普和冬奥人文知识有机融合，面向公众倡导绿色低碳理念，普及电力科学知识和冰雪运动常识，展示科技冬奥能源电力创新成果。国家电网有限公司冬奥合作工作领导小组办公室相关成员部门、机构，国网北京电力、国网冀北电力、中国电科院、英大传媒集团等单位参与了丛书各分册的编撰和审稿。《绿电与冬奥》丛书共 5 个分册：《低碳冬奥》展现绿色电能如何用低碳、可靠、高效的方式点亮冬奥之光；《绿色电能》介绍奥运史上实现场馆“绿电”供应的全过程；《技术创新》展示为冬奥提供安全、可靠、清洁电力保障的多项创新技术；《智慧用电》介绍冬奥会中无处不在的用电及电力赋能 5G、云转播等各种应用；《可靠供电》介绍了冬奥供电保障体系等内容。

世界期待中国，中国做好了准备。《绿电与冬奥》科普丛书就像奥运五环，环环相扣，分册展示了能源电力行业全面落实国家重大战略，深入推动能源革命，保障安全可靠清洁供电，服务绿色冬奥，服务碳达峰碳中和的生动实践和创新形象。绿色电能服务低碳奥运，科技之光点亮精彩五环！让我们共同期待一届精彩的奥运盛会，向世界展示真实、立体、全面的中国！更快、更高、更强——更团结！一起向未来！

目录
CONTENTS

冬奥村里的智慧用电

冬奥会上的交通用电

什么是智慧用电

你知道吗

· 电力如何让冬奥场馆变得智慧？

· 电力如何助力北京冬奥会成为“有智慧”的冬奥会？

智慧用电

在北京 2022 年冬奥会和冬残奥会（简称北京冬奥会）中，电的身影随处可见：在城市及城市之间、在缤纷璀璨的冬奥场馆、在温暖如春的奥运村，交通用电、通信用电、生活用电、照明用电……电无声无息，却无处不在。

智慧用电就是更“聪明”的用电。它可以实现对用电设备的远程实时感知、智能控制、在线监测、科学预警、智能诊断。更加直观地呈现用电情况，令生产和生活用电变得灵动、聪明。使人们成为节能减排、低碳生活的参与者和建设者。

电力物联网

电力物联网充分应用现代信息技术和先进通信技术，实现电力系统各个环节万物互联、人机交互，能够实现电力系统状态全面感知、信息高效处理、应用便捷灵活。

冬奥中的智慧电

北京冬奥会是一届“智慧”的冬奥会。运用大数据、物联网、云计算等技术，冬奥赛场内外拥有了能实时显示数据信息的场馆数字地图、能实时智慧调度的冬奥网络安全运行指挥中心系统、能实时监测人流和车流的车辆调度系统……

北京冬奥会的电力供应充满“智慧”，运用人工智能技术、数字孪生技术、区块链技术等先进技术的可靠电力为每个场馆、每个设备提供稳定支撑和坚强保障。冬奥电力保障中的“千里眼”“顺风耳”“百宝衣”无不体现了北京冬奥会所用电力的“智慧”属性。

绿电"芯"脏

在冬奥配套工程建设和服务保障的电力电子装备中，广泛应用了我国自主研发的芯片——"国网芯"。这是一类芯片的统称，共包括 8 大类 150 余款芯片。"国网芯"现已应用于全世界80 多个国家的电力系统，累计现场应用超过 18 亿颗。

智能穿戴产品

严寒，是冬奥项目运动员必须面对的挑战，为了抵御严寒，科学家们纷纷出招。发明了电加热面罩、手套、服装等装备，为运动员们的训练提供便利。一套加热装备相当于“保暖面料＋加热元件＋锂电池”的组合。根据装备功能差异来内置不同数量的加热元件，以保障装备均匀供热。如果将温度调至最高挡位，这些产品能在户外持续发热 4 ~ 6 小时。

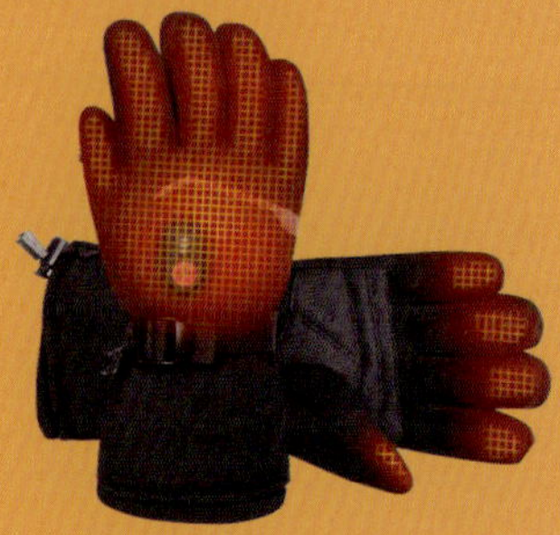

以保暖手套和保暖面罩为例，在手套和面罩中集成了电加热片，通过控制器将其与锂电池连接。充电一次，一般可以具有四五个小时的加热效果。

智能加热服装

智能加热服装中装有电加热元件、智能控温模块及控温算法、温度传感器以及柔性器件与服装的集成技术。在“环境—服装—人体”体系中，服装和人体之间的微环境会受到环境温度、风速和穿戴者自身运动状态等因素影响而处于波动状态，而融入智能算法的加热服装可以自动适应外界环境温度。

腋下创可贴是一款可穿戴式的智能体温计。工作人员只需将这款指肚大小的智能体温计贴在皮肤上，并下载手机应用后绑定，便可实时监测体温数据，自动上报后台。一旦发现温度异常，防疫系统将及时作出应对。

腋下创可贴作为测温精准的可穿戴式连续智能测温设备，其测温芯片只有米粒大小，但测温精度可达到 0.05 摄氏度，充电一次能连续使用 10 天，可以满足北京冬奥会等大型赛事的疫情防控需求。

测温精度可达到
0.05 摄氏度

充电一次能连续使用
10 天

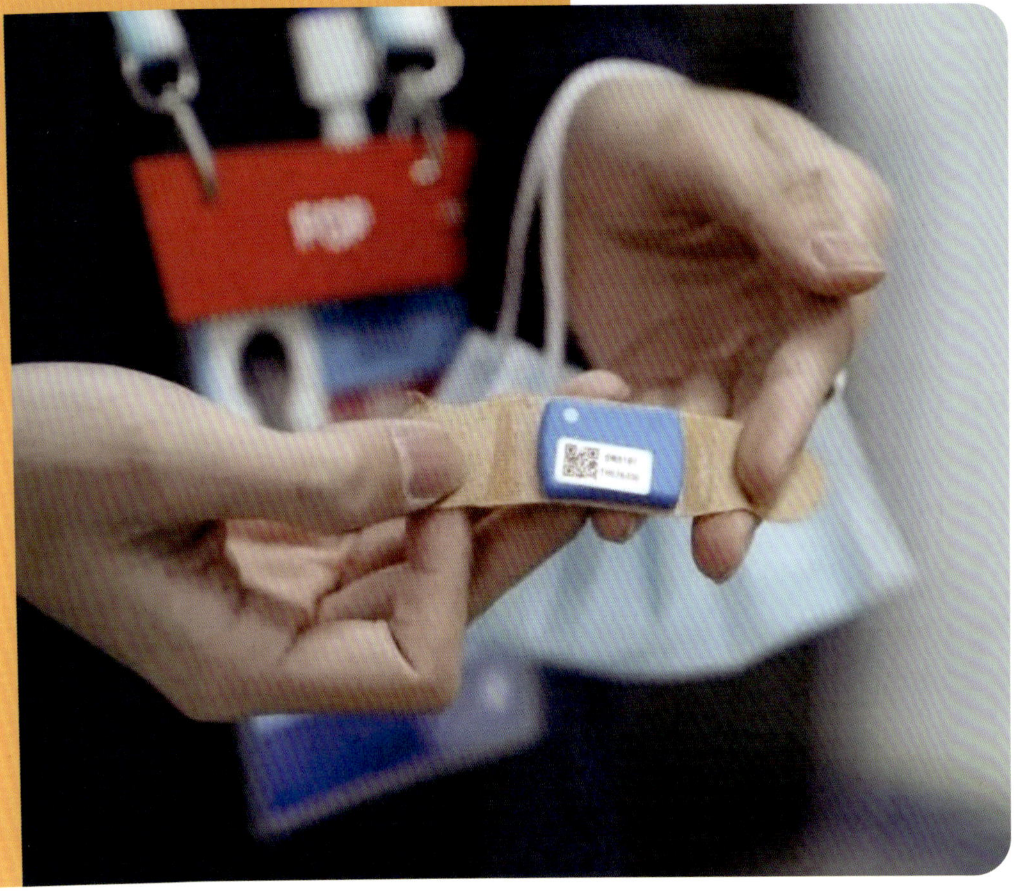

智能训练设备

在风洞中模拟训练的工作人员

把肌电设备的电极片贴在运动员不同位置的皮肤上，监测运动过程中肌肉的状态；用高速相机实时采集运动员训练时的姿态参数，形成三维模型；在运动员鞋垫中安装近百个压力传感器，收集运动员落地时的地面反作用力等信息……科研人员运用高科技手段帮助运动员不断调整状态、提升训练效果。

为冬奥会量身打造的体育综合训练风洞，装有超大“电扇”，最大风速可达到 42 米 / 秒，相当于 14 级强台风的水平，基本涵盖了所有冰雪运动所涉及的风速范围。运动员利用风洞进行训练，不仅可以提升成绩，还可以对运动服装、器材进行风阻系数的测试，为高性能运动装备的设计开发提供数据支撑。

训练时，运动员将可穿戴设备固定于腿部、腰背部，教练员可综合分析运动员的运动学数据、视频数据、生理参数等，为运动员提供更精准的技术指导。

训练过程中，高速动态摄像技术可以将运动员的关键动作记录下来。高科技的识别系统还可以通过分析实时画面，逐个追踪运动员。

训练后，当回放运动员的滑行姿态时，系统可以提供完整的训练分析数据，用于对当天训练进行复盘和总结。系统还可以基于海量的训练数据和大数据分析技术，对重点队员竞技能力的各项指标进行对标分析。

紧张的训练或比赛后
运动员可以钻进一个
“胖乎乎”的圆形舱放松
这是冬季项目运动员
疲劳快速消除系统
它由微压补氧设备和
经颅脉冲电刺激仪构成
能够帮助运动员缩短恢复时间
提高疲劳恢复效果
提升运动表现

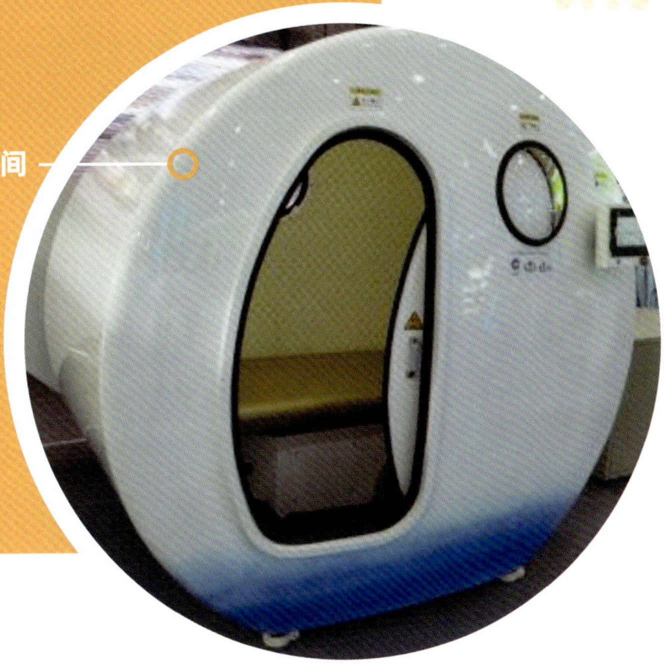

自由视角和 AI 主播

北京冬奥会中，观众能够以自由视角观看比赛。在比赛过程中，通过若干相机对整个场景进行三维建模，最终输出的是一个可以任意渲染的三维画面。只需简单滑动手机，既可以让画面静止以观察某一个比赛瞬间的不同角度，又可以让画面保持流动而不打断比赛。不仅能让观众实时多视角观看，还有助于减少裁判判罚的失误。

央视新闻频道中，有几个特殊的“人物”格外引人关注，她们是央视新闻 AI 手语主播、央视网数字虚拟小编小 C、虚拟人物娜娜。

AI 手语主播采用语音识别、手语翻译、虚拟人像驱动等技术，可以实现将音视频内容转化为虚拟数字人手语视频。这位用 AI 发声并配有手语的新闻主播，将应用于北京冬奥会的开闭幕式、冬奥会期间的新闻播报、赛事直播和现场采访，让听障群体也能感受冬奥赛事的激情。

3D 超写实数字人“央视网数字虚拟小编小 C”已经在新闻报道中大放异彩。百度智能云提供的平台化的数字人技术，与云计算技术有机结合，支持小 C 在 AI 驱动与人工接管之间无缝切换，带来有温度的互动体验，提升了采访的趣味性和新鲜感。通过 4D 扫描技术来进行高精度面部数据采集，运用 AI 技术进行反复迭代调优，轻量深度神经网络模型能够实时生成数字人的口型、表情、动作，口型准确率接近 99%，效果真实、自然。

虚拟人物娜娜是首个由中俄合作打造的完整虚拟人物，运用人工智能、动作捕捉、语音合成等前沿技术合作设计而成，凝结了两国创新领域的最新研发成果。

智慧用电助力 5G 冬奥

北京冬奥会将成为奥运史上最具“科技驱动力”的奥运会，“5G+新视听”将与“精彩、非凡、卓越”的冬奥目标相结合。

基于云计算、人工智能和互联网高速传输技术的云转播技术，利用 5G 网络的高速率、低延时等特点，在轻量级转播需求下，仅需前方将内容进行拍摄采集，后方就可以利用云上采编进行转播。这相当于将导播、制作、剪辑等工作从传统的转播车移到云端，境内外各家电视台在云端就可以完成制播流程，真正实现奥运赛事高画质、低成本转播，带给观众更优质的观赛体验。

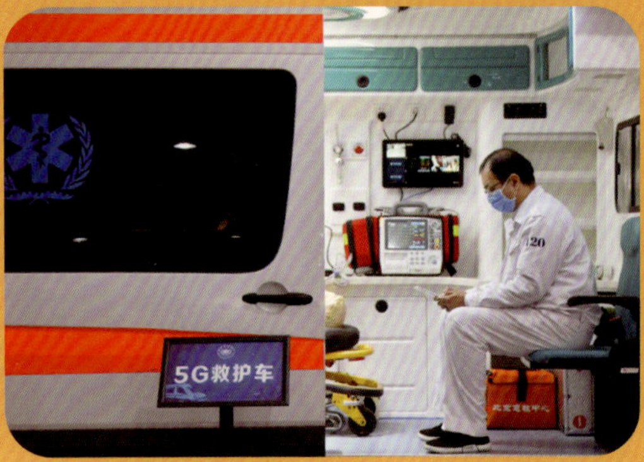

北京冬奥会配备的 5G 急救车，将为北京冬奥会和首都市民提供一体化综合院前急救服务。通过将患者信息于院前院内实时共享，实现“上车即入院”和“移动的 ICU”功能。

5G 技术

5G 技术全称为第五代移动通信技术，是具有高速率、低时延等特点的新一代宽带移动通信技术，是实现人机物互联的网络基础设施。北京冬奥会实现了 5G 全覆盖，无论是智慧场馆直播技术、360 度 VR 直播、8K 转码技术，还是体育分析和运动员智能辅助训练，以及用人工智能技术与新一代 VR 编解码技术改善奥运观赛等方面，都与 5G 技术密不可分。5G 设施对电力供应的要求较高。5G 基站覆盖面积相比 4G 要小。因此，5G 基站的建设密度要比 4G 基站大。

5G 赋能北京冬奥会十大应用

- 智慧观赛
- 智慧安防
- 云转播服务
- 智慧交通
- 智慧场馆
- 无人机周界防控
- 5G 超高清直播
- 智慧训练
- 物流配送
- 智慧移动医疗

速度滑冰

速度滑冰简称速滑，是滑冰运动中历史最为悠久，开展最为广泛的项目。风驰电掣的速滑选手，是冬奥会上一道亮丽的风景。1763 年 2 月 4 日在英国首次举行 15 公里速度滑冰赛。1889 年在荷兰的阿姆斯特丹首次举办世界冠军赛。男、女速滑分别于 1924 年、1960 年被列为冬奥会比赛项目。

在北京冬奥会上，速度滑冰比赛场地将在北京赛区的国家速滑馆举行，设有男、女 500 米、1000 米、1500 米短距离赛，男子 5000 米、10000 米和女子 3000 米、5000 米长距离赛，以及男、女团体追逐赛和集体出发赛，一共将产生 14 枚金牌。

冬奥场馆中的智慧用电

???

你知道吗

- 为什么说北京冬奥会的场馆中智慧用电无处不在？
- “水晶鞋”“冰丝带”“冰菱花”因何璀璨夺目？

冬奥电力“大本营”

在北京长安街西起点，紧邻永定河、背靠石景山的新首钢高端产业综合服务区是名副其实的“冰雪大本营”，这里是北京冬奥会和冬残奥会组织委员会办公地点。

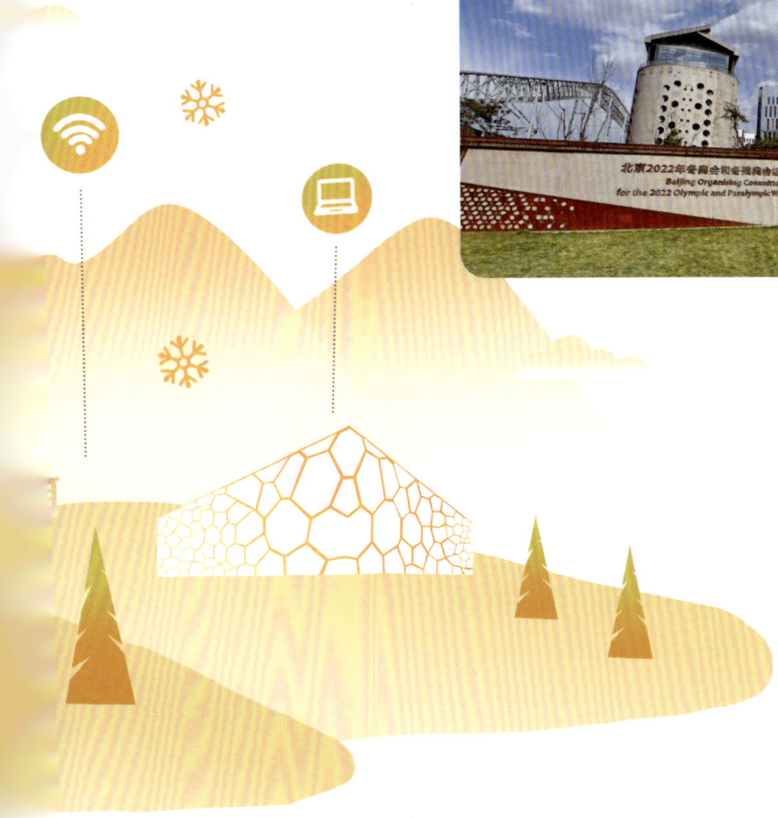

北京冬奥电力运行保障指挥平台共汇集了 29 个业务系统，包括电网、人员、物资、设备信息等 187 项指标数据，覆盖了所有冬奥场馆和供配电网络，守护着电力设备的“神经末梢”，时刻感知设备运行状态和内外部环境，实现可靠保障服务延伸至场馆末端电源“最后一厘米”，支撑冬奥赛事期间北京、张家口两地三赛区 25 座场馆电力运行实时监测与统一调控。同时，大楼本身也是一个源网荷储协调互动的微型综合能源示范系统，由分布式发电、冷热源管理、储能等系统和智慧家居构成，多种能源相互补充实现能源高效智慧利用，打造绿色生态智慧园区。

源网荷储协调互动示意图

源网荷储协调互动

源网荷储协调互动是实现能源互联的关键功能之一。能源互联网代表电网发展的更高阶段，是以电为中心，以坚强智能电网为基础平台，将先进信息通信技术、控制技术与先进能源技术深度融合应用，支撑能源电力清洁低碳转型和多元主体灵活便捷接入的智慧能源系统。

源网荷储协调互动

- **有利于** 电源侧减少发电煤耗，提高新能源消纳水平
- **有利于** 电网削峰填谷，保证电网安全经济运行
- **有利于** 增强用户用电感知水平，提高用电满意度

北京冬奥会中，国家体育馆承办冬奥会男子冰球全部赛事、女子冰球决赛部分赛事及冬残奥会冰橇冰球部分的赛事。

国家体育馆引入了不同类型的机器人，在清扫消杀、移动测温、防疫监督、引导、智能配送等方面提供智能化、无接触服务。这些可爱的小机器人采用电池供电，通过"激光+视觉"自助避障导航策略自动躲避障碍物。"分体式"设计使机器人能够切换功能模块，实现一机多用。除了具有垃圾清运、地面清洁、接待引导、安全巡检等功能，它还能完成文件材料、小型体育器材搬运等工作。

防疫机器人

冰城堡的全新体验

在外立面设计上，国家体育馆使用了 863 块一面光滑、一面具有凹凸质感的冰花图案的压花玻璃。仿冰玻璃砖的设计，充分引入自然采光，通过外遮阳和内遮阳系统，最大限度减少照明能耗。采用错落有致的排列方式，配合灯光，将逼真地呈现出由一块块晶莹剔透的冰垒砌出“冰城堡”的效果，营造出浓浓的冬季运动氛围。体育馆内可随节奏变化的配套灯光、比赛场馆顶部中央全景模式曲面斗屏等多种配套设施将为运动员与观众带来全新的赛事体验。

多功能机器人

物流机器人

“雪如意”的斜行电梯

北京冬奥会的国家跳台滑雪中心位于张家口市崇礼区，是我国首座跳台滑雪场地。因为形似中国传统吉祥饰物“如意”，被形象地称为“雪如意”。雪如意的“柄首”是由两个巨大支柱支撑、半悬浮于空中的顶峰俱乐部，“柄身”是蜿蜒起伏的 S 形赛道，“柄尾”是赛道最底部的结束区和观众区。

“雪如意”的灯光别具一格，到了晚上，覆满白雪的山巅，七色灯光旋转，流光溢彩的灯带围绕着顶峰，幻化出美丽的图案。通过投影技术，形成美轮美奂的 3D 震撼效果；结合建筑底部下照的光束灯，赛时可与赛道的点阵屏实现光耀五环的效果；赛道两翼则采用线条灯，营造七彩流动的动感效果。顶峰俱乐部使用了分布高功率光束灯，配合演绎空中表演的效果，形成立体交织的舞动光芒。

“雪如意”通过物联网技术与多专业光影系统深度融合的关键技术、3D 灯光演绎的智能控制技术、多灯光系统基于同一时间轴实现四维联动控制技术等多项智慧照明技术，让“雪如意”的灯光却能变幻成千上万种颜色。

全球速度最快的变坡斜行电梯

总长 259 米

速度可达 2.5 米 / 秒

“雪如意”顶部与地面落差达 160 多米，为了使滑雪运动员能够实现快速上下通行，一部斜行电梯依山而建，它的速度是目前常见的变坡斜行电梯速度的 5 倍。

电梯轨道随山体走势铺设，坡度不同，最缓处 22.56 度，最陡处 39.56 度，要在相差近 20 度的变坡角度上平稳快速运行，需要经过一系列复杂的设备改进和技术调试。为此，电梯上安装了伺服驱动器、水平传感器和防倾覆装置，使斜行电梯能够在陡坡及缓坡段保持匀速运行。为应对突发情况，电梯上还设置了限速器，与安全钳联动，确保电梯安全运行。

“冰丝带”的“智慧大脑”

坐落于北京市朝阳区奥林匹克公园内的国家速滑馆，由22条晶莹的“丝带”状曲面玻璃幕墙环绕，因此被称为“冰丝带”。将坚硬的冰做成22条飘逸的丝带，像是速滑运动员在冰上划过的痕迹，又代表北京2022年冬奥会的“22”。

“冰丝带”的运行须臾离不开电力。每到夜晚，“冰丝带”流光溢彩，外立面“丝带”先是呈现倒计时数字，后模拟出速滑运动员在赛道疾驰的流动画面。场馆内部，观众座椅从靠近场地的白色座椅逐渐向蓝色座椅渐变，仿佛地面上的冰融化后慢慢向上蒸发，逐渐融入蓝色的天空。

国家速滑馆中，利用5G等技术引入室内外一体化定位导航系统、运动数据系统、智慧观赛系统等。就像给场馆配备了“智慧大脑”全方位运动数据系统将为运动员提供计时、计速和计圈的训练服务;智慧观赛系统将为观众提供智能座位导引、赛事实况解析、购物订餐等服务。冰面和比赛大厅装备的传感器能够实时感知冰的温度、空气温湿度等环境参数并自动进行调节。冰面可根据不同项目分区域、分标准进行制冰。

比赛开始前，国家速滑馆场内会上演美轮美奂的“灯光秀”。开始时，全场灯光熄灭，在投影、灯光和音响的交相辉映下，冰面上呈现出五光十色的动感效果，使运动员很快投入到竞赛氛围之中。炫彩的灯光、雪花和五环标志与现场蓝白相间座椅形成一幅冬日画卷。在收尾环节，灯光秀特效让“赛场冰面”出现巨大裂缝，从深海升起了以五环颜色为基础的灯光彩带和北京冬奥会会徽，呈现出立体逼真的效果，彰显科技冬奥的魅力。

智慧照明

冬奥照明用电包括比赛照明、观众席照明、应急照明、场地照明、建筑立面照明以及道路照明等。为保障比赛场地的场景照明，使色温、照度、眩光、显色指数都达到规定的标准，从灯具、光源的选择到控制系统的技术决策，都对照明提出了要求。

智慧路灯灯杆上部置有小型风机或太阳能板，白天将风能或太阳能转换成电能，晚上利用这些电能发出明亮的光。技术人员可以对路灯进行批量远程管控，实现按需照明、系统自动巡检、故障预警告警等。

“冰立方”的智能化控制

国家游泳中心“水立方”是 2008 年北京奥运会的游泳、跳水、花样游泳比赛场馆。在 2022 年冬奥会期间，这里将作为冰壶项目的比赛场馆，升级成“冰立方”。

冰壶比赛场地要求阳光不能直射冰面。“冰立方”的外膜与内膜之间的空腔增加了一层特殊的遮光膜，以减少自然光对冰面的影响。在比赛之后，夏天，“冰立方”拆去遮光膜通风降温，冬天加上遮光膜蓄能降耗。

“冰立方”采用被动式建筑的设计方案，依靠顶部直径为 13 米的大采光井及若干导光管将室外光引入实现自然采光。为此，每年将节省用电 26000 千瓦·时。针对原有照明系统发热而对冰面造成影响的问题，将以前的金卤灯换成了更节能的发光二极管灯（LED）作为光源照明。

“冰立方”采取全面感知的智能化控制，对场馆内赛道、观众席、办公区、休闲区等不同区域的温湿度环境数据进行智能感知和智慧调控，对制冰、空调、新风机组等设备进行精细化用电管控，按需供应，节能运行。

“冰立方”智能建筑运维管理平台

“冰立方”智能建筑运维管理平台整合了场馆内的消费、楼控、票务等系统，使各个系统协同工作。

冰壶运动对温度要求严格，通过智能感知技术和通过群智能技术实现全面感知的智能化控制手段，可以对“冰立方”的冰面数据进行全程实时采集和分析，通过超过装有 4000 余个传感器的智慧控制系统全程对场馆内的温湿度环境数据进行智能感知和智慧调控，实现实时精准控制。通过在比赛大厅的冰面上下安装大量传感器，采集空气温度、湿度、冰的温度信号，反馈给制冰和空调系统，实现精准的环境温湿度控制。

“冰菱花”的璀璨灯光

五棵松冰上运动中心是 2022 年冬奥会冰球训练馆。在夜间，这座训练馆的外部在光影变化中，呈现无数片多彩雪花飘落的特效，因而被称为“冰菱花”。

“冰菱花”的建筑外立面采用格栅幕墙，斜向格栅呈 45 度交叉，通过几何图形组成雪花的图案，并形成了多层次的空间效果。格栅幕墙由五种颜色组成，运用数字化技术将五种色彩的分布和定位计算出来，并进行精细地编组加工。

外幕墙采用暗藏灯具的设计，与幕墙工艺结合，实现“见光不见灯”的效果。并通过技术对每个灯具实现精准控制，在夜晚呈现雪花漫天落下的视觉效果。

发光二极管灯

发光二极管灯（Lighting Emitting Diode，LED）被称为第四代照明光源或绿色光源。它利用固体半导体芯片作为发光材料，在半导体中通过载流子发生复合放出过剩的能量而引起光子发射，直接把电转化为光。LED 具有节能、环保、寿命长、体积小等特点，广泛应用于各种指示、显示、装饰、背光源、普通照明和城市夜景等领域。

冬奥赛区内的雪蜡车

北京冬奥会召开前夕，中国自主研发的雪蜡车惊艳亮相。这是给滑雪运动员的滑板打蜡的专用车辆，是一个身长 17 米的“大块头”。

从外观看，雪蜡车就像一个集装箱。走入其中，最核心的部位是可供6名打蜡师同时工作的6个打蜡台。打蜡台上方有倾斜的吸风口和照明设备，台上摆放着雪蜡、加热熨斗、刮板打蜡工具。雪蜡车中有两个储藏雪板的区域，可以存放 150 个滑雪板，还有洗手间、淋浴间、休息室等配套设施。车辆尾部有一个轮椅升降台，方便行动不便的运动员使用。

雪蜡车的牵引头采用氢燃料电池动力系统，真正做到了零排放，绿色无污染。车顶部安装了光伏发电系统，可以满足车内的日常照明和小家电使用。

短道速滑

短道速滑全称为短跑道速度滑冰，是在长度较短的跑道上进行的冰上竞速运动。短道速滑起源于20世纪初的北美地区，由室内速度滑冰比赛演变而来，由于室内场地较小、赛道较短而得名。

1988年，短道速滑在卡尔加里冬季奥运会被首次列为冬季奥运会表演项目。1992年，阿尔贝维尔冬季奥运会将短道速滑列为正式比赛项目。

在北京冬奥会上，短道速滑下设男、女500米、1000米、1500米单人，男子5000米接力和女子3000米接力，以及混合团体接力等9个小项，一共将产生9枚金牌。

冬奥村里的智慧用电

你知道吗

- 北京冬奥会三个冬奥村所用的电从哪里“变”出来？
- 电能，如何让运动员拥有一个温暖如春、舒适健康的“家”？

北京冬奥会的三个冬奥村

北京冬奥会有三个冬奥村：坐落在北京市城区北四环内的北京冬奥村、落户在延庆小海坨山下的延庆冬奥村以及建在张家口崇礼太子城的张家口冬奥村。

北京冬奥村位于国家体育馆鸟巢南侧，总建筑面积约 33 万米^2，突出以人为本的理念，首次大规模采用了健康建筑系统，在空气、水、热舒适、声环境、材料等方面关注居住者的感受，通过全屋智能为居住者提供更加健康的环境和设施。

延庆冬奥村位于小海坨山脚下，毗邻国家雪车雪橇中心和山地新闻中心。半开放式的建筑庭院依山而建，展现出北京四合院的文化特色，不破山型、不夺山景地融入美丽的自然风景之中。

张家口冬奥村是以冰雪为中心的旅游小镇。距离太子城高铁站 0.5 千米。小镇具有北方山地民居特色，共 10 个组团 31 栋楼，每个组团由 3 ～ 4 栋小楼围成一个院落。

110千伏
海坨变电站
首体110千伏
输变电工程

冬奥赛区的电从哪里“变”出来？

在冬奥赛区附近，你可能会遇到一些不起眼的建筑物，它们或许在山林掩映之中，或许和周围环境融为一体。实际上，它们是为冬奥会赛区直接供电的变电站。

位于北京市延庆区小海坨山的 110 千伏海坨变电站，采用错层结构依山而建，楼顶铺设光伏板，实现站内绿色用电。这座变电站位于冬奥场馆核心区，“掩映山林之中”是它的设计亮点。变电站采用了下沉式的专项外观设计方案，东西南三侧以毛石墙为装饰，将开挖的毛石砌成变电站外墙，既环保又美观。从下到上逐渐缩小形成层层退台，折顶拟山、留树作庭，视觉上与周边地形融为一体，变成了延庆赛区一个“看不见”的人工建筑物。

首体 110 千伏输变电工程作为 11 个冬奥会重点配套电力工程中的收官之作，负责为北京冬奥会期间首都体育馆赛区提供电源支撑。这座地下四层、地上一层的建筑物，和周围环境完美融合，静静履行它的使命。

冬奥村的电采暖

为了实现绿色冬奥，北京冬奥会相关周边地区全面实现无煤化。国家电网公司完成冬奥核心区和高速高铁沿线（京藏、京礼、京新、京张高铁）乡村、居民家中“煤改电”清洁取暖任务，实现冬奥会场馆周边及交通沿线 1 千米范围内清洁取暖全覆盖，让赛区的天更蓝，百姓的心更暖。

延庆冬奥村位于燕山山脉，供暖需求较大，采用电锅炉加水蓄热的供暖方式，利用夜间的低谷电对锅炉中的水加热至 80℃左右，白天利用夜间热水储蓄的热能进行供暖，以达到节能的目的。

张家口冬奥村采用清洁能源集中式电供暖，通过地板下满铺碳纤维发热电缆，可将电能直接转化为热能，减少热量损耗，且每户的温度皆可精准、灵活调控。利用低谷电能进行局域集中供暖，有效提高夜间低谷电的利用率。同时，实现采暖负荷参与电网需求侧响应，对电网负荷起到削峰填谷的作用，实现清洁采暖。

煤改电

“煤改电”指的是使用空气源热泵、蓄热式电暖器、地源热泵等清洁采暖设备代替燃煤方式采暖，运行成本低，使用过程不产生任何有害物质，具有绿色低碳、高效节能、环保安全、智能控制、不占永久性建筑空间等优点。

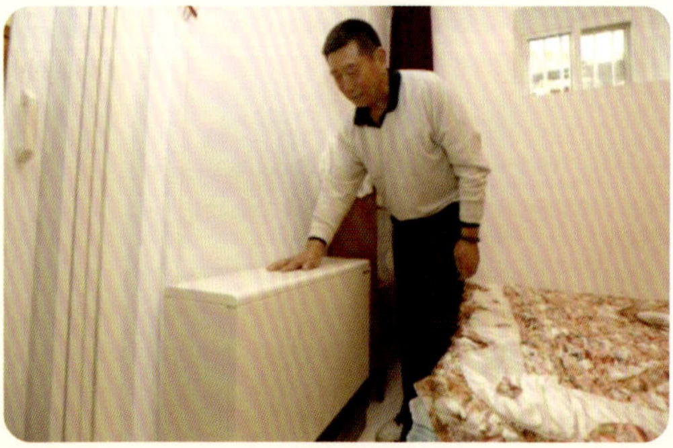

“煤改电”后的
冬季供暖
干净又方便

位于张家口崇礼主城区的奥雪小镇，是冬奥会赛事保障配套设施。小镇冬季采用清洁能源电蓄热供暖。采用 2 台 10 兆瓦的 10 千伏高压电极锅炉 + 常压水蓄热罐的热源方案，利用低谷电能进行局域集中供暖和蓄热。这种方式符合降低能耗的要求，并且对电网平衡起到了削峰填谷的作用，提高了夜间低谷电的利用率。

电采暖设备节能小贴士

如何使用好电采暖设备，在保证采暖效果的前提下，如何减少采暖设备能耗、降低采暖费用，成为人们越来越关心的话题。

采暖的温度和湿度直接决定着采暖设备的能耗。室温每升高 1 摄氏度，系统的耗能将增大 10% 左右。

家庭使用地板采暖，开启时应采用每小时升温 1 摄氏度的方法逐渐升温，否则由于温度骤然升高，容易增加热量损失，甚至造成管道开裂等问题。

28 地板采暖的地板表面温度以 28 摄氏度为宜

18 室温一般保持在 18 摄氏度左右

“发充储放”充电站

山地新闻中心停车场内的移动式“发充储放”示范充电站，能实现交直流混合配电网、分布式能源、储能系统、交直流负荷之间的能量互济和灵活调配，为北京冬奥会安全绿色用电提供支撑。充电站采用可移动电力适配器，实现多电压等级输入输出以及发电车、临时负荷的便捷接入，同时可为 10 辆电动汽车充电。

当充电站工作时，首先通过光伏发电向电动汽车充电，在没有电动汽车充电时则向储能系统充电，若此时储能系统满电且没有电动汽车充电，能量协调管理系统则将光伏电能反馈给电网。光伏、储能、充电设施和能量协调管理系统共同组成了一个微网，根据需求与公共配电网智能互动，实现并网和离网运行。

充气式保障舱

在延庆赛区，一座像雪屋一样的充气式保障舱是供电应急保障人员的“家”。保障舱通过太阳能为自身提供电力，搭载储能、取暖装置，具有自发电、温湿度显示、睡眠温度调节、气体检测、烟雾报警、通风、人体红外测温、定位、视频监测等功能，并且能够实现指挥中心与前端保电现场的信息互动。

采用双层充气式设计，通过太阳能发电，还搭载了储能、取暖装置，能够抵御零下40摄氏度的严寒

保障舱具有多种功能

自发电 | 温湿度显示 | 睡眠温度调节 | 气体检测 | 烟雾报警 | 通风 | 人体红外测温 | 定位 | 视频监测

运动员的智慧“家”

走进北京冬奥村的运动员房间，可以看到，室内装有自动开合的双层遮光窗帘、自动调整房间空气质量的新风系统等设施。奥运村住户可查询家庭能耗数据，还可通过对讲控制，实现一键断电；户内环境监测系统和居室的独立新风系统使住宅成为“会呼吸”的居所。根据实际需要，还为社区引入了 WiFi6 技术，实现园区内通信无死角全覆盖。

张家口冬奥村的户型适应全季山地度假特色，适应崇礼冬季零下二三十摄氏度的严寒气候条件。走进运动员房间，可以看到厨房配备了电动油烟机、电磁炉、电烤箱、电水壶、电饮水机等各类电气化厨房用具。另外，还为每位运动员提供了智能记忆床，它具有记忆功能，可以调节阅读模式、睡眠模式等多种模式。在阅读模式下，床头抬高到合适角度，看书、使用电脑办公都非常舒适。床的腿部位置还可以抬高，有利于促进运动员腿部血液循环、缓解运动疲劳。

运动员卧室室内实景

北京冬奥村室内实景

WiFi 6 技术

WiFi 6 标准在 2019 年中正式发布，是 IEEE 802.11 无线局域网标准的最新版本，提供了对之前的网络标准的兼容，也包括现在主流使用的 802.11n/ac。电气电子工程师学会为其定义的名称为 IEEE 802.11ax，负责商业认证的 Wi-Fi 联盟为方便宣传而称作 WiFi6 技术。

WiFi6 能承载 4K/8K/VR 等大宽带视频，承载网络游戏等低时延业务，并满足游戏类业务特别是云 VR 游戏业务对低时延传输质量的要求，同时也能满足智能家居、智能安防等智慧家庭、智能互联业务场景。

与 WiFi5 相比 **WiFi6**

速率最高可达 **9.6** 吉比特 / 秒

时延最低可到 **10** 毫秒

可支持最多 **128** 人同时上网

终端功耗降低 **30%**

冬奥村住宅不仅配备了涵盖智能照明、智能窗帘、可视对讲、温湿度控制的全场景智能环境管理系统，还能实现设备远程控制，实时监测环境与新风系统并达成联动控制，以维持室内空气环境，保证健康、便捷、舒适的生活居住空间。

对单户能源消耗进行精准检测，通过智能逻辑分析实现多方案的节能控制。在用电低谷时利用储水热水器、冰箱等实现分布式低成本储能，对电力系统调峰邀约实时处理和响应；基于用户行为节能算法等技术，促进高耗能设备在社区错峰使用。

整个智能家居系统的核心及控制中心，对整个智能家居系统进行统筹控制

包括智能扫地机器人、智能空气净化器、智能空调、智能空气加湿器等智能用电设备，涉及人们起居、清洁、娱乐等各方面

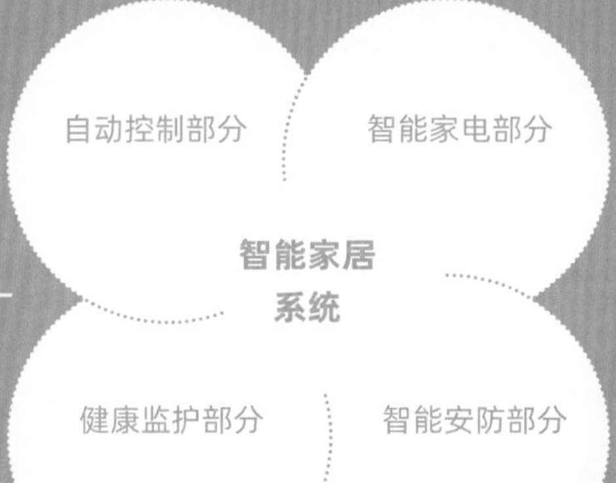

包括儿童智能安全手套、智能血糖仪、智能心率监测、智能跌倒报警器等，时刻关注着家庭成员的健康状况

包括智能安防锁、智能报警器、智能监控摄像头、智能无线安防系统等，时刻保护着家庭安全

智能家居

智能家居是以住宅为平台，安装有智能家居系统的居住环境。智能家居系统是将各自独立的家用电器、通信设备与安全防范设备的功能融合为一体的系统。它以家庭为核心，利用综合布线、大数据、云计算、物联网等先进技术，提供家电控制、照明控制、远程控制、环境监测、暖通控制、红外转发以及可编程定时控制等多种功能和手段。智能家居系统主要包括自动控制部分、智能家电部分、智能安防部分、健康监护部分等。

智能家居系统

智能 电动窗帘

具有无线巡控器、手机远程控制、场景控制、定时控制与停电手拉等功能

智能 空调

内置智能芯片与通信模块，具有远程控制、记忆用户使用习惯、记录产品用电情况、故障远程诊断及智能自主调温等功能

智能 插座

具有漏电及过载保护、远程控制、延时定时及电量统计等功能，有些智能插座还具有独立开、关及 USB 充电功能

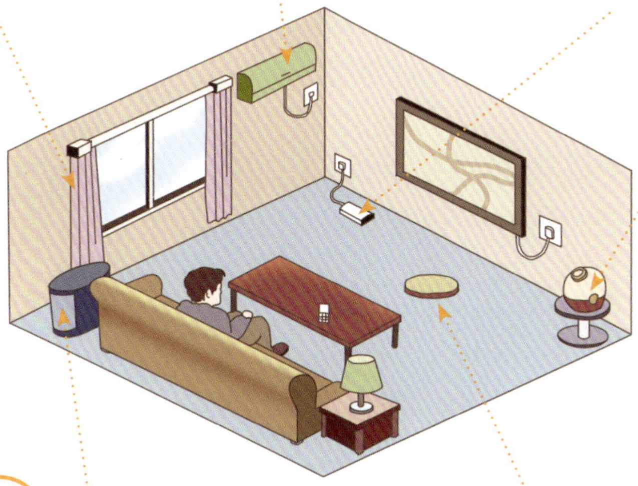

智能 加湿器

液晶显示屏显示加湿器工作状态和房间当前湿度，能设定湿度与时间。通过手机或其他移动终端可以在家中或户外查看加湿器的状态、房间湿度，并定时开（关）加湿器

智能 空气净化器

可自动检测空气质量并自行启动清洁模式，还可以使用手机通过网络或蓝牙实现远程控制功能

智能 扫地机器人

具有预约定时清洁、自动调节路线及清洁力度、防止跌落和碰撞等功能

能源互联网

互联网将电动汽车、家用电器、屋顶光伏、电脑、手机等关联起来，每个人的能源消耗、生活需求和碳排放指标都转化为数字坐标，每一秒钟的各种生活需求都能被统计起来去导向最有效的生产供给，你在平板电脑上手指轻划，就把自家屋顶多余的光伏发电电能卖给附近准备给电动汽车充电的陌生人；写字楼会议室的空调温度随时依据会议活动类型、参加人数和实时电价进行动态调整；山上、沙漠中、大海里安装的各种新能源发电设备通过程序可以竞拍投资、自由交易。支撑这些场景实现的就是能源互联网。

能源互联网将所有的能量信息（分布式的生产、供应、消耗）通过网络互联，各类能源以商品的形式通过互联网平台进行交易、分配、利用。各种终端用能都可以用电能替代，以电为中心是能源发展的趋势。因此，能源互联网是以电为中心，将先进的信息通信技术、控制技术与先进的能源技术深度融合，通过煤、油、气、电力、热力等各子系统之间相互耦合，互补运行，实现整体协同和智能控制的先进能源系统。

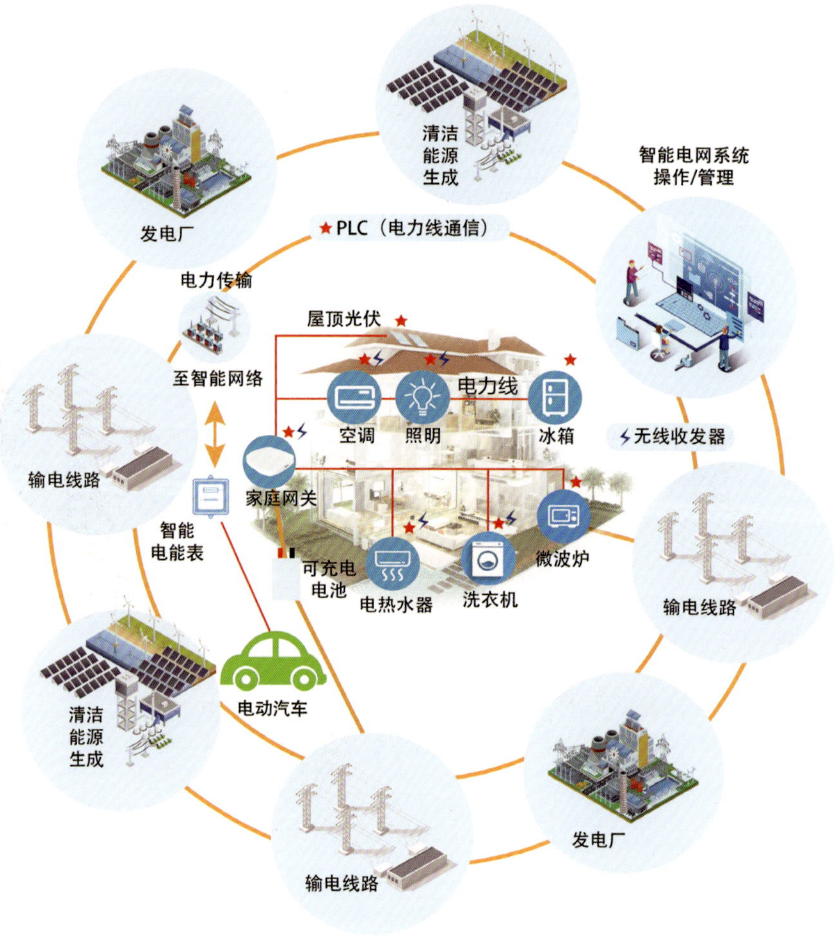

冬 / 奥 / 速 / 递

花样滑冰

花样滑冰是技巧性和艺术性相结合的冰上运动项目。运动员随着音乐在冰面上滑行，并表演跳跃、旋转等高难度动作。花样滑冰的裁判会按照动作的质量与艺术性表现进行综合评分。花样滑冰的运动员动作优美、配合默契，观赏性极高，又称“冰上芭蕾”。

花样滑冰起源于 18 世纪的英国，1924 年冬奥会上，首次被列为正式比赛项目。在北京冬奥会上，花样滑冰分为男子单人滑、女子单人滑、双人滑、冰上舞蹈、团体赛等 5 个小项，将决出 5 枚金牌。

冬奥会上的交通用电

你知道吗

- 北京冬奥会的“交通电气化”如何实现？

- 电动汽车如何在低温条件下正常工作？

往返场馆的交通工具

北京 2022 年冬奥会赛事期间，交通服务车往返于北京、延庆、张家口三大赛区，这些车辆基本使用清洁能源，占比为历届冬奥会之最，绘就一幅低碳交通的美丽画卷。

赛事交通服务用车的能源类型包括：氢燃料汽车、纯电动汽车、天然气汽车、混合动力汽车及传统能源汽车。北京冬奥会期间，使用以上车辆将实现减排约 1.1 万吨二氧化碳，相当于 5 万余亩森林一年的碳汇蓄积量。

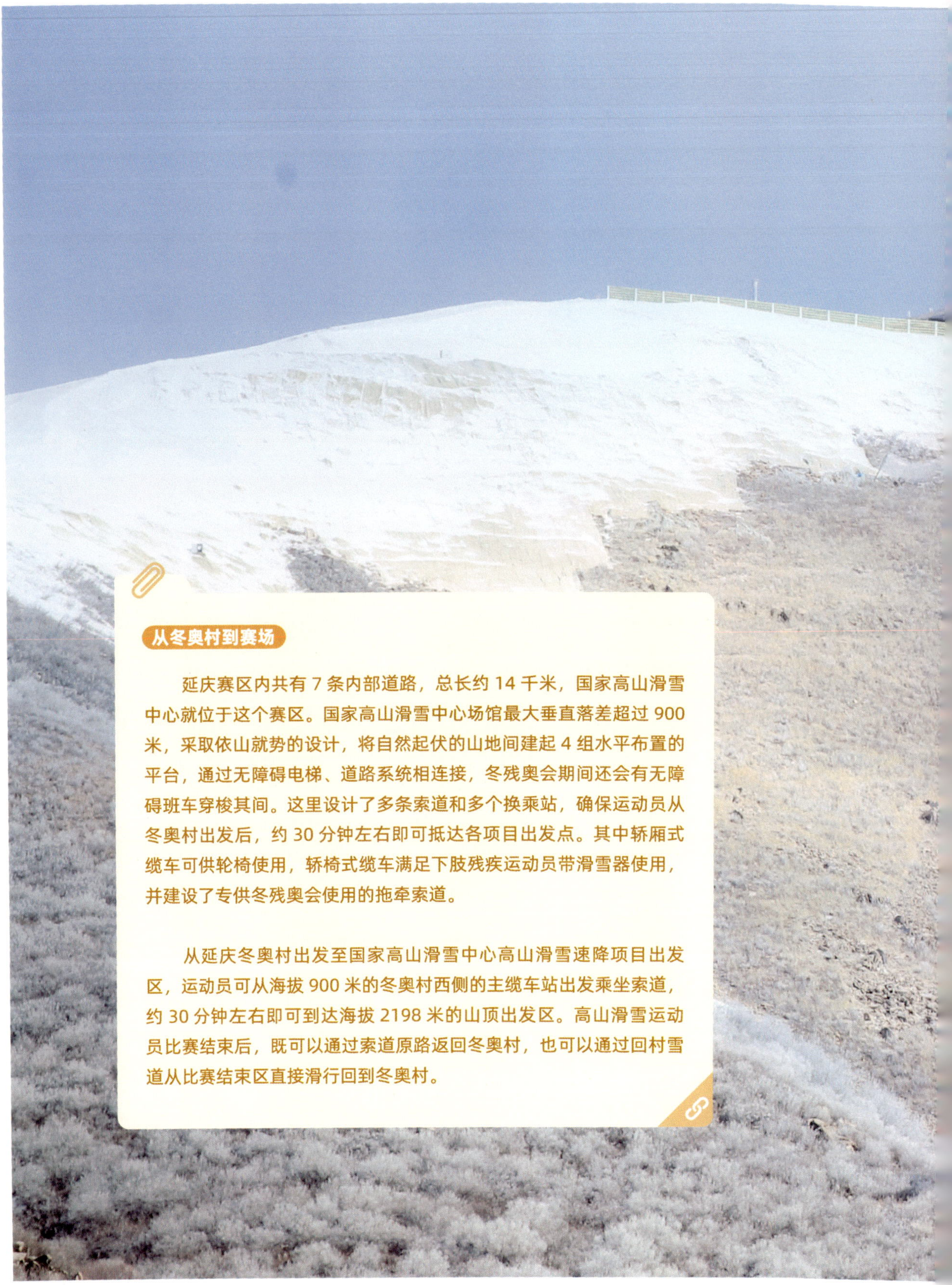

从冬奥村到赛场

延庆赛区内共有 7 条内部道路，总长约 14 千米，国家高山滑雪中心就位于这个赛区。国家高山滑雪中心场馆最大垂直落差超过 900 米，采取依山就势的设计，将自然起伏的山地间建起 4 组水平布置的平台，通过无障碍电梯、道路系统相连接，冬残奥会期间还会有无障碍班车穿梭其间。这里设计了多条索道和多个换乘站，确保运动员从冬奥村出发后，约 30 分钟左右即可抵达各项目出发点。其中轿厢式缆车可供轮椅使用，轿椅式缆车满足下肢残疾运动员带滑雪器使用，并建设了专供冬残奥会使用的拖牵索道。

从延庆冬奥村出发至国家高山滑雪中心高山滑雪速降项目出发区，运动员可从海拔 900 米的冬奥村西侧的主缆车站出发乘坐索道，约 30 分钟左右即可到达海拔 2198 米的山顶出发区。高山滑雪运动员比赛结束后，既可以通过索道原路返回冬奥村，也可以通过回村雪道从比赛结束区直接滑行回到冬奥村。

国家高山滑雪中心山顶出发区的缆车

京张高铁

1909 年 8 月 11 日，由中国人自行设计建造并制定规章的第一条铁路——京张铁路正式修通。百年后的今天，京张铁路的姊妹铁路——京张高铁已建成通车，大大缩短了路程时间。

北京冬奥会期间，京张高铁是跨赛区运输的重要方式。高铁是高速电气化铁路的简称。京张高铁采用“复兴号”智能动车组，通过电力驱动行驶。行驶在京张高铁的动车组，最大运力达到 1000 余人，相当于 20 辆 50 座大巴车的运载能力。通过京张高铁，张家口到北京最快只要 1 小时左右，实现了同城效应。

京张高铁太子城站是世界上首座直通奥运赛场的高铁站，也是 2022 年冬奥会崇礼赛区颁奖典礼背景建筑。从这座车站到达崇礼地区的张家口冬奥村和张家口赛区只需 15 分钟。

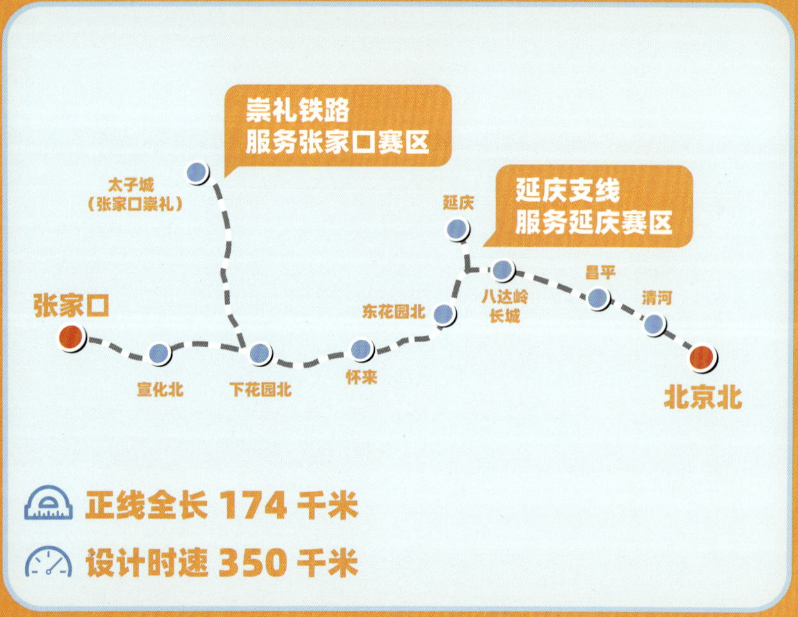

高铁列车上的电生活

高铁已成为不可或缺的交通工具，它极大地缩短了人们旅行花费在路途上的时间。现代科技的发展，使人们在高铁上可以轻松惬意地听广播、看电视、点餐、购物、上网。高铁车厢的灯光可以更舒适地调节，曾经的窗帘被可调节亮度的玻璃所取代……这一切都源于“电”。电，让人们走得更远更舒适！

谁在牵着高铁列车跑

风驰电掣的高铁列车除了地上的铁轨，还有一张天上的“网”。铁轨有多远，网就有多大。高铁列车由电动机驱动，电源就取自这张沿着铁路假设的牵引供电接触网。高速铁路所用电能均取自公用电力系统，并经专门的牵引供电系统向电力机车或电动车组等供电，“牵”着高铁列车飞驰。

冬奥小火车

在崇礼太子城，新建的有轨电车是冬奥项目配套的一条慢行园区专线。它可以实现小镇各功能区间的短途接驳。有轨电车专线由北向南串联起小镇的四季商街、太子城国际会议中心两大组团，北起有 800 多年历史积淀的太子城遗址公园，南至冰雪会堂站，共设 6 个车站，其中颁奖广场站可直接接驳太子城高铁站客流。“冬奥小火车” 的线路计划使用三部运营车，单车额定满载人数 150 人，有轨电车开到太子城国际会议中心之后进入地下暖街，乘客下车后可直接进入酒店和会议会展空间。

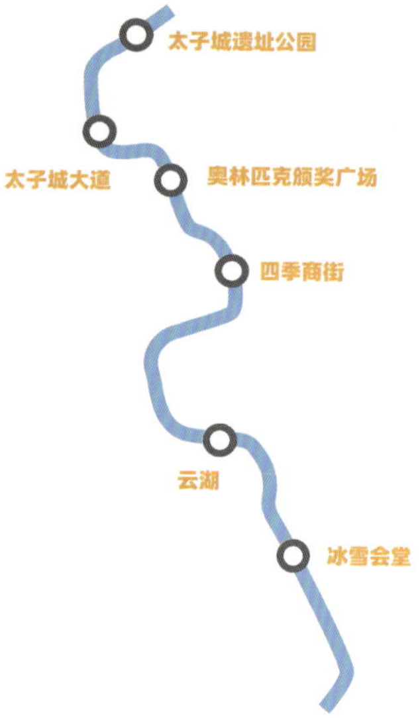

太子城内的有轨电车采用超级电容供电，车身采用不锈钢材质，低地板设计，老人、小孩、孕妇等抬脚就可以轻松走进车内，最大载客量达 380 人，时速 70 千米。其动力来源于 9500 法拉超级电容储能供电，车辆在站台区 30 秒内完成快速充电，一次可运行 3 ~ 5 千米，制动时能将大于 85% 以上的制动能量回收，并反馈至超级电容形成电能储存，实现能量的循环利用。

氢燃料汽车

北京冬奥会期间，延庆赛区将有 1000 余辆氢能车辆作为奥组委官员、各国运动员和观众的交通工具，这是全世界历史上最大规模的氢能交通。中关村延庆园加氢站每天能为约 110 辆氢能大巴加满燃料。

氢燃料电池车“吃”的是氢，“排”的是水。氢燃料汽车的车身载着储氢瓶，奔跑时通过氢氧离子的化学反应“现场发电”。在北京冬奥会各赛区投入服务保障的氢燃料车可以实现零下 35 摄氏度启动、零下 40 摄氏度存储，每百千米的氢耗约为 6 千克。

大量制氢需要消耗大量的电能。张家口的风电能源十分丰富，便于就地建设制氢厂，通过电解水的方式得到纯绿氢，以“绿电”制“绿氢”，源源不断地为氢燃料车提供补充。位于张家口的国内第一个风电制氢示范项目——河北建投沽源风电制氢综合利用示范项目一期已建成投运，产能近 1.7 吨 / 天。

不同“颜色”的氢

根据氢能生产来源和生产过程中的排放情况，人们将氢能分别命名为灰氢、蓝氢、绿氢。

灰氢，是通过化石燃料（例如石油、天然气、煤炭等）燃烧产生的氢气，在生产过程中会有二氧化碳等排放。

蓝氢，是将天然气通过蒸汽甲烷重整或自热蒸汽重整制成。

绿氢，是通过使用清洁能源（例如太阳能、风能、水能等）制造的氢气，在生产绿氢的过程中，完全没有碳排放。

“心脏”抗冻的电动汽车

北京冬奥会举办期间，部分赛区气温可能低至零下三四十摄氏度。以往的电动汽车锂电池非常怕冷，可能使续航里程变短，甚至难以充电。

科学家通过技术攻关，发明了一种全气候电池。通过在电池内部植入一片很薄的镍箔作为发热体。利用电池自带的能量，再加上一个开关，就可以随意调控电池的活性。这项技术不需要改变锂电池的原有工艺和材料，兼容磷酸铁锂、钛酸锂等各种动力电池。哪怕在零下 30 摄氏度的环境里冻透的电池，只需 30 秒时间，就能自加热到零度以上正常工作。

与普通电池相比，全气候电池的质量增加不超过 1%，电池成本增加不超过 5%，量产后成本增加可降低到 2%。这项技术已被 2022 年北京冬奥运会采用，为冬奥会的电动汽车装上了一颗抗冻的“心脏”。

低温环境的电动汽车续航里程

冬季低温环境里，电动汽车的续航里程会有不同程度的衰减。造成这一现象的原因主要有两方面：一是电池受到材料等自身因素影响性能变差；二是空调、座椅加热等其他耗能电子设备使得动力电池的消耗加大。

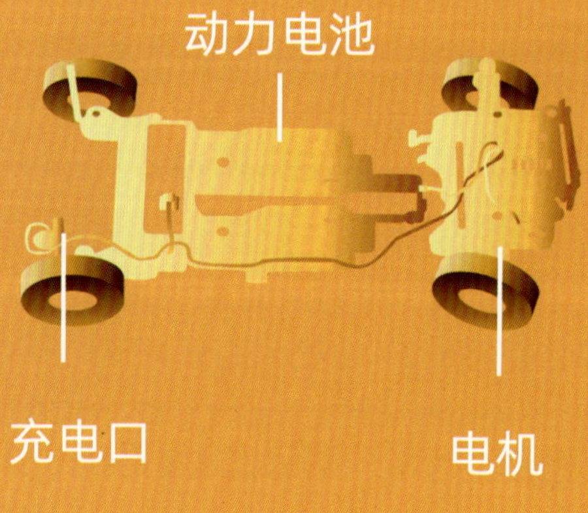

锂离子电池

锂离子电池是用锂作负极活性物质的化学电池。锂在金属中比重最轻，反应活泼性最高，因而锂电池的电动势和比能量很高，是一种重要的高能电池。锂离子电池作为一种集高能量密度和高电压为一体的储能装置，已广泛应用于移动和无线电子设备、电动工具、混合动力和电动交通工具等领域。常见锂离子电池有磷酸铁锂、锰酸锂、钛酸锂及三元材料锂电池。

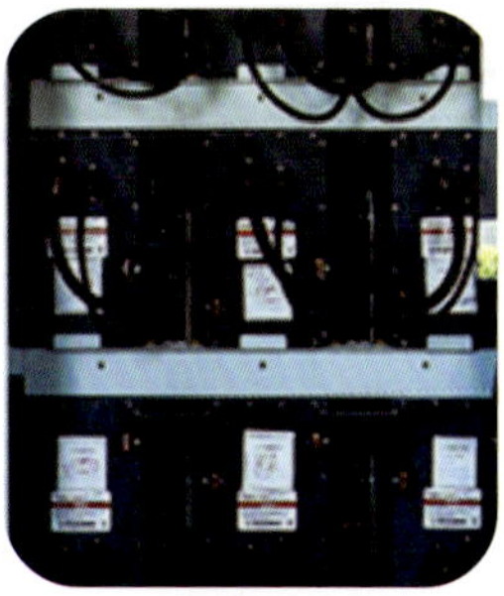
钛酸锂电池

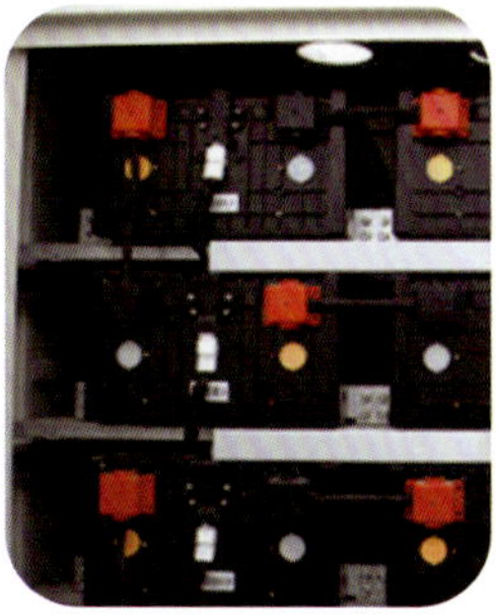
磷酸铁锂电池

锂离子电池充放电过程

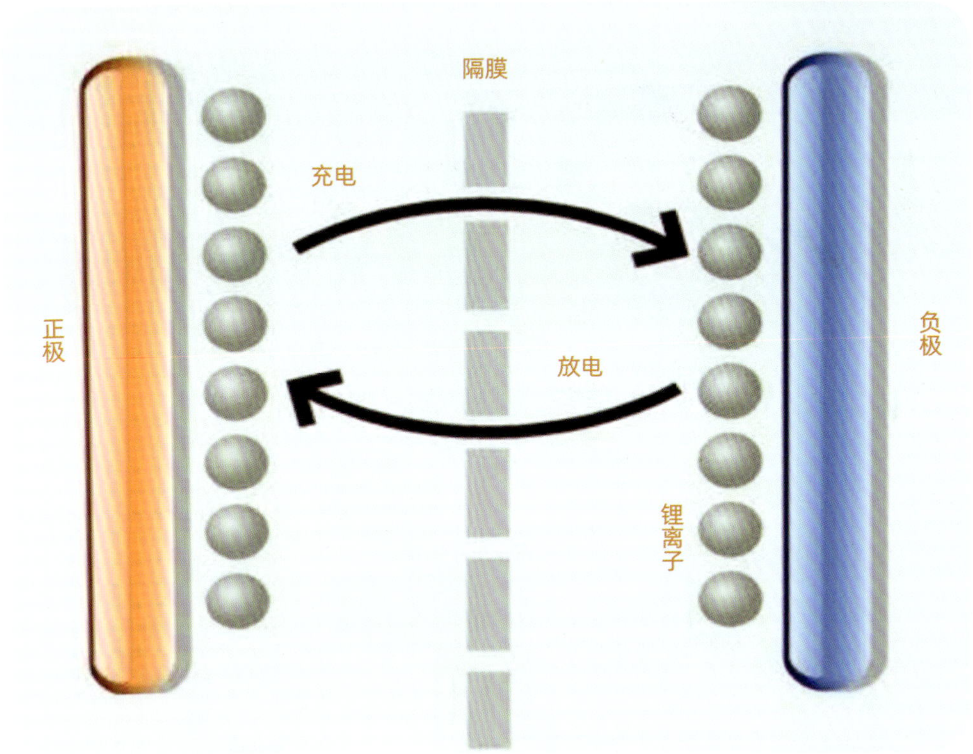

充满“智慧”的高速公路

连通北京冬奥会延庆赛区和张家口赛区的延崇高速，是一条充满“智慧”的高速公路。这条公路综合利用摄像机、雷达、车辆特征识别单元、气象监测站等监测设备及数字孪生技术，实现交通运行状态、车辆状态、环境信息的全面感知以及四维仿真呈现。利用大数据云控平台的高性能计算分析能力实现交通事故、突发事件以及自然灾害的发现、跟踪、分析、处置的全过程智能管控。通过车载智能单元、路侧智能基站、高精度导航服务 App 及北斗高精度定位系统等系统，为冬奥车辆提供更安全高效的交通保障。

方便快捷的充电体验

北京至张家口高速公路服务区、交通枢纽、场馆周边旅游等区域均已覆盖充电设施，为冬奥赛区交通提供便捷充电服务。服务冬奥会的重要交通枢纽站——京礼高速延庆阪泉服务区已率先建成国内首座技术领先的 480 千瓦大功率群充群控充电示范站，可同时满足 4 台电动大巴车和 8 台小客车的电能补给需求。在首钢滑雪大跳台、京礼高速公路昌平上店服务区、崇礼太子城服务区等地建设充电站，实现冬奥比赛场馆及京礼高速公路全线充电桩全覆盖。

智能充电网络 ········· 全面建设智能充电网络 为绿色冬奥注入新动能

建成投运冬奥赛区及沿线充电站	32 座	充电桩	503 个
北京、延庆赛区及沿线共有充电站	13 座	充电桩	383 个
张家口赛区及沿线共有充电站	19 座	充电桩	120 个

北京规模最大的集中式电动汽车充电站

北京规模最大的集中式电动汽车充电站已于 2021 年 5 月 15 日在五棵松体育中心地下停车场投入使用。该充电站共有 200 个充电桩，包括 80 个 60 千瓦直流充电桩和 120 个 7 千瓦交流充电桩。

单日最多可提供充电服务约

1300

车次

智慧车联网

车联网是由车辆位置、速度和路线等信息构成的巨大交互网络。我们可以把它看作是物联网、智能交通、车辆信息服务、云计算和汽车电子技术相结合的产物。如今我们熟知的无人驾驶、人机交互、智能语音识别等，都是车联网的应用。

在智慧车联网平台上，客户为电动汽车充电这个动作将人的消费需求与能源生产供应在物理层面联系了起来，人、车、桩、网等电力生产、消费大数据在车联网平台上进行汇集。在此基础上，对数据和资源进行智能调配，挖掘潜在价值，实现交互。

花样滑冰的观赛礼仪

观赛掌声

在介绍运动员及裁判员、赛前鼓励、赛中动作完成后，以及赛后及返场环节，可以送上你热烈的掌声。遇到节奏性强的音乐，可随节奏为运动员打节拍，而在完成技术动作以外的时间尽量不要发出杂音，保持赛场安静有利于运动员发挥出最高水平。

送给运动员的礼物

节目音乐停止后，可以起身站立鼓掌，也可以向场内投掷妥善包装的花束或玩具娃娃等。小冰童会滑进冰场拾起礼物送给运动员。这种向运动员抛礼物的环节，是花样滑冰项目特有的传统。

不要使用闪光灯

想在比赛中拍照抓住动人瞬间？请关掉闪光灯。在花样滑冰比赛中，运动员经常会做一些高难度的动作，比如双人滑中的抛接等动作，如果选手正在做这些难度动作的时候被看台上的闪光灯晃了眼，就很有可能发生危险。

历届冬奥会举办时间和地点

届数	举办时间	举办国家	举办地点
第一届	1924 年	法国	夏蒙尼
第二届	1928 年	瑞士	圣莫里茨
第三届	1932 年	美国	普莱西德湖
第四届	1936 年	德国	加米施—帕滕基兴
第五届	1948 年	瑞士	圣莫里茨
第六届	1952 年	挪威	奥斯陆
第七届	1956 年	意大利	科蒂纳丹佩佐
第八届	1960 年	美国	斯阔谷
第九届	1964 年	奥地利	因斯布鲁克
第十届	1968 年	法国	格勒诺布尔
第十一届	1972 年	日本	札幌
第十二届	1976 年	奥地利	因斯布鲁克
第十三届	1980 年	美国	普莱西德湖
第十四届	1984 年	南斯拉夫	萨拉热窝
第十五届	1988 年	加拿大	卡尔加里
第十六届	1992 年	法国	阿尔贝维尔
第十七届	1994 年	挪威	利勒哈默尔
第十八届	1998 年	日本	长野
第十九届	2002 年	美国	盐湖城
第二十届	2006 年	意大利	都灵
第二十一届	2010 年	加拿大	温哥华
第二十二届	2014 年	俄罗斯	索契
第二十三届	2018 年	韩国	平昌
第二十四届	2022 年	中国	北京、张家口

北京 2022 年冬奥会比赛项目、金牌数量和场馆

比赛大项	比赛分项	金牌数量（枚）	冬奥会比赛小项			场馆	赛区
			男子项目	女子项目	混合项目		
滑冰	短道速滑	9	500 米、1000 米、1500 米、5000 米接力	500 米、1000 米、1500 米、3000 米接力	2000 米接力	首都体育馆	北京
	速度滑冰	14	500 米、1000 米、1500 米、5000 米、10000 米、团体追逐、集体出发	500 米、1000 米、1500 米、3000 米、5000 米、团体追逐、集体出发	—	国家速滑馆	
	花样滑冰	5	男子单人滑	女子单人滑	双人滑、冰上舞蹈、团体比赛	首都体育馆	
冰球	冰球	2	男子冰球	女子冰球	—	五棵松体育中心	
冰壶	冰壶	3	男子冰壶	女子冰壶	混合双人冰壶	国家游泳中心	
冬季两项	冬季两项	11	10 公里短距离、20 公里个人、12.5公里追逐、15 公里集体出发、4×7.5 公里接力	7.5 公里短距离、15 公里个人、10 公里追逐、12.5 公里集体出发、4×6 公里接力	4×6 公里混合接力（男子 + 女子）	国家冬季两项中心	张家口
滑雪	跳台滑雪	5	个人标准台、个人大跳台、团体	个人标准台	—	国家跳台滑雪中心	
	越野滑雪	12	双追逐、个人短距离、15 公里、4×10 公里接力、团体短距离、50 公里集体出发	双追逐、个人短距离、10 公里、4×5 公里接力、团体短距离、30 公里集体出发	—	国家越野滑雪中心	
	北欧两项	3	男子个人标准台 +10 公里越野滑雪、男子个人大跳台 +10 公里越野滑雪、男子团体大跳台 +4×5 公里越野滑雪	—	—	国家跳台滑雪中心 国家越野滑雪中心	
	自由式滑雪	13	空中技巧	空中技巧	空中技巧混合团体	云顶滑雪公园	
			雪上技巧	雪上技巧	—		
			障碍追逐	障碍追逐			
			坡面障碍技巧	坡面障碍技巧			
			U 型场地技巧	U 型场地技巧			
			大跳台	大跳台		首钢滑雪大跳台	北京
	单板滑雪	11	平行大回转	平行大回转		云顶滑雪公园	张家口
			障碍追逐	障碍追逐	障碍追逐混合团体		
			坡面障碍技巧	坡面障碍技巧	—		
			U 型场地技巧	U 型场地技巧	—		
			大跳台	大跳台	—	首钢滑雪大跳台	北京
	高山滑雪	11	滑降、全能、回转、大回转、超级大回转	滑降、全能、回转、大回转、超级大回转	混合团体	国家高山滑雪中心	延庆

续表

比赛大项	比赛分项	金牌数量（枚）	冬奥会比赛小项			场馆	赛区
			男子项目	女子项目	混合项目		
雪车	雪车	4	男子双人	女子单人、女子双人	四人雪车（自由性别）	国家雪车雪橇中心	延庆
	钢架雪车	2	男子单人	女子单人	—		
雪橇	雪橇	4	男子单人	女子单人	团体接力、双人雪橇（自由性别）		

北京 2022 年冬残奥会比赛项目和场馆

比赛大项	冬残奥会比赛小项			场馆	赛区
	男子项目	女子项目	混合项目		
残奥冬季两项	7.5 公里、12.5 公里、15 公里（坐姿）；7.5 公里、12.5 公里、15 公里（站姿）；7.5 公里、12.5 公里、15 公里（视障）	6 公里、10 公里、12.5 公里（坐姿）；6 公里、10 公里、12.5 公里（站姿）；6 公里、10 公里、12.5 公里（视障）	—	国家冬季两项中心	张家口
轮椅冰壶	—	—	混合团体比赛	国家游泳中心	北京
残奥冰球	—	—	混合团体比赛	国家体育馆	
残奥高山滑雪	滑降（站姿、坐姿、视障）、全能（站姿、坐姿、视障）、回转（站姿、坐姿、视障）、大回转（站姿、坐姿、视障）、超级大回转（站姿、坐姿、视障）	滑降（站姿、坐姿、视障）、全能（站姿、坐姿、视障）、回转（站姿、坐姿、视障）、大回转（站姿、坐姿、视障）、超级大回转（站姿、坐姿、视障）	—	国家高山滑雪中心	延庆
残奥越野滑雪	1 公里、10 公里、15 公里（站姿）；1 公里、10 公里、15 公里（坐姿）；1 公里、10 公里、15 公里（视障）	1 公里、5 公里、15 公里(站姿); 1 公里、5 公里、15 公里（坐姿); 1 公里、5 公里、15 公里（视障）	混合级接力 4×2.5 公里、公开级接力 4×2.5 公里	国家冬季两项中心	张家口
残奥单板滑雪	站姿障碍追逐、坡面回转	站姿障碍追逐、坡面回转	—	云顶滑雪公园	